主　编： 蔡蔚文

副主编： 沈　雯　杨冬梅

图片来源：（排名不分先后）

厦门大学幼儿园	厦门市思明实验幼儿园
厦门市实验幼儿园	厦门市杏滨中心幼儿园
厦门市湖明幼儿园	厦门市海沧绿苑幼儿园
厦门市湖里幼儿园	厦门市海沧区新阳幼儿园
厦门市莲花幼儿园	厦门市海沧区实验幼儿园
厦门市仙阁幼儿园	厦门市同安区实验幼儿园
厦门市日光幼儿园	厦门市翔安区实验幼儿园
厦门市康毅幼儿园	厦门市海沧区天竺幼儿园
厦门市秀德幼儿园	厦门市鼓浪屿艺术幼儿园
厦门市集美幼儿园	厦门市海沧幼儿园佳鑫分园
厦门市东浦幼儿园	厦门市集美区后溪中心幼儿园
厦门市第二幼儿园	厦门市集美区灌口中心幼儿园
厦门市松柏幼儿园	厦门市海沧区东孚中心幼儿园

梦山书系

幼儿园
阅读环境创设

蔡蔚文 主编

海峡出版发行集团 | 福建教育出版社

图书在版编目（CIP）数据

幼儿园阅读环境创设/蔡蔚文主编．－福州：福建教育出版社，2016.1
ISBN 978-7-5334-6820-0

Ⅰ.①幼… Ⅱ.①蔡… Ⅲ.①幼儿园－阅读－环境设计 Ⅳ.①G617

中国版本图书馆CIP数据核字（2015）第102268号

Youeryuan Yuedu Huanjing Chuangshe

幼儿园阅读环境创设

蔡蔚文 主编

出版发行	海峡出版发行集团
	福建教育出版社
	（福州梦山路27号 邮编：350001 网址：www.fep.com.cn）
	编辑部电话：0591－83726908
	发行部电话：0591－83721876 87115073 010－62027445）
出 版 人	黄　旭
印　　刷	福建东南彩色印刷有限公司
	（福州市金山工业区 邮编：350002）
开　　本	889毫米×1194毫米 1/16
印　　张	3.5
字　　数	73千
版　　次	2016年1月第1版 2016年1月第1次印刷
书　　号	ISBN 978-7-5334-6820-0
定　　价	22.00元

如发现本书印装质量问题，请向本社出版科（电话：0591－83726019）调换。

前　言

　　阅读影响未来，幼儿的阅读习惯将影响其后续的学习与发展。创设阅读环境，营造书香氛围，让幼儿能够在教师营造的书香环境中浸润成长，让幼儿园文化以物化形式呈现，是发挥幼儿园环境育人功效的主要途径。

　　厦门市各幼儿园在贯彻落实《幼儿园教育指导纲要（试行）》《3-6岁儿童学习与发展指南》的过程中，深入开展环境育人的研究，取得了一定的成效。本书汇集了近几年来厦门市各幼儿园在开展早期阅读教育研究过程中，创设适宜于幼儿的早期阅读环境的成果，所展示的阅读环境图片，是我市幼儿园教师智慧的结晶，也多数获过国家、省、市级评比各种奖项。我们汇编成集，与广大幼教同仁分享，敬请各位幼教同行指正，并希望藉此抛砖引玉，共同为幼儿创设更适宜于发展的教育环境而努力！

目录

概说 1

幼儿园公共阅读环境 5
 一、长廊边的公共阅读区 8
 二、过道边的公共阅读区 12
 三、大厅边的公共阅读区 17
 四、家长阅读角 22

班级阅读环境 25

幼儿园阅览室 39

概　　说

营造书香校园，能引发幼儿阅读兴趣，养成爱阅读的良好习惯。创设阅读环境是营造校园书香氛围的最好办法。幼儿园的阅读环境由场所、家具、装饰、书籍等组成。创设时，在场地选择、装饰等方面应体现幼儿园的教育特点；在橱柜、图书投放等方面应体现幼儿的年龄特点；在时间安排上应体现灵活性的特点。

幼儿园的阅读环境有三种场所可以设置，一是利用幼儿园大厅，较为宽敞的走廊、过道等地方创设公共阅读环境；二是利用班级角落创设班级阅读区域；三是利用空闲房间创设的幼儿园阅览室。

公共阅读区

创设阅读环境时，光线、氛围等的适宜性是首先应考虑的。天然柔和的光线对幼儿的视觉最为有利，因此，幼儿园的阅读环境应设置在窗户边、大厅、阳台等光线明亮的地方，利用自然光，辅以柔和的护眼灯光，避免强直射的阳光及频闪高的灯光。相对安静的场所作为阅读区更有利于营造阅读氛围，如果是设置在走廊的阅读环境，应注意避开动线，保留过道应有的宽度，避免人员行走对阅读者产生干扰。

在场地的布置上，阅读环境的整体颜色应以柔和的浅色调为主，避免过于浓艳的色彩。书柜、书架的设置应便于幼儿自主取放图书。建议尽量提供适宜幼儿阅读的桌椅，特别是对中大班幼儿，如因场地限制，只能铺设地垫，建议提供坐垫、靠垫等，让幼儿能端正、舒适地阅读。此外，还可以利用适当的悬挂物及软装饰，如中大型的布偶、纱帘、珠帘等，软化环境，营造温馨的阅读氛围。

阅读环境中的图书，应根据幼儿的年龄特点及近阶段的兴趣爱好有选择性地投放，并且应提供以图为主、以文字为辅的图书，避免投放以文字为主的图书，不可投放纯文字书籍、对幼儿身心健康不利的漫画等。图书应有序摆放在书架或书柜中，教师可为图书及其摆放在书架上的相应位置编号或贴上标识，以便于幼儿自主、有序取放。

班级阅读区

图书有序摆放

关于幼儿的阅读时间，幼儿园应根据环境特点及一日作息时间特点灵活安排。为发挥阅读环境的最大功能，班级内的阅读区，除活动区时间允许幼儿自主选择阅读外，还可允许幼儿餐点后、午睡前后等片段时间入区阅读；公共阅读环境及幼儿园阅览室，可采取固定时间班级轮流与灵活时间自主进入阅读的方式，如，根据幼儿园班级数量，每天的上午安排1-2个班，下午再安排1-2个班分别进入阅览室阅读；每天放学后的半小时，允许家长与幼儿共同进入阅览室阅读，这样可充分发挥阅览室的作用。

班级亲子图书借阅角

亲子图书漂流活动

亲子在公共阅读区阅读

　　此外，幼儿园还可以年龄段或班级的形式，提供图书借阅，组织图书漂流，开展图书分享会等，指导幼儿及家长阅读，提高亲子阅读兴趣，营造幼儿园的书香氛围。

幼儿园公共阅读环境

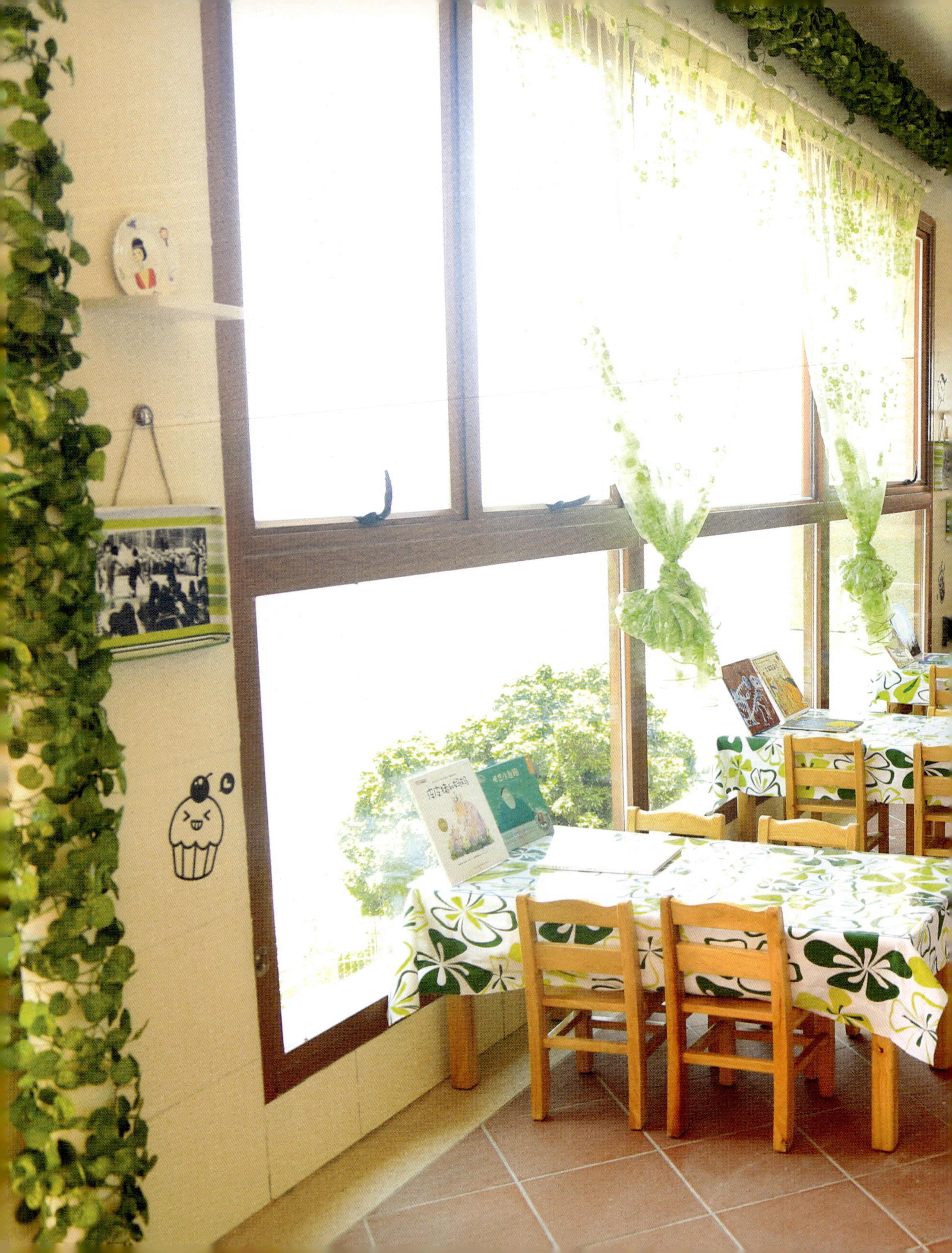

幼儿园可充分利用大厅、走廊、过道等公共场所，创设公共阅读环境，空间或大或小，或平面或立体，因地制宜，营造出浓郁的书香氛围。

公共阅读区的布置，可根据场地大小，摆放书架、桌椅，营造书香氛围；也可做成榻榻米，放上柔软的靠垫，既能让读者舒适阅读，又可软化环境。

公共阅读区既可供幼儿自主阅读，也可供教师与幼儿小组阅读，还可供幼儿与家长亲子阅读。实践证明，由热心家长组成的"故事妈妈""故事爸爸"到幼儿园为幼儿讲故事，很受幼儿欢迎。

公共阅读区，为幼儿、师幼、亲子阅读提供了便利的条件。

一、长廊边的公共阅读区

幼儿园公共阅读环境

幼儿园阅读环境创设

幼儿园公共阅读环境

二、过道边的公共阅读区

幼儿园公共阅读环境

1. 走廊边的图书角

13

2. 利用半弧形拐角设置的阅读角

幼儿园公共阅读环境

3. 楼梯边的阅读角

三、大厅边的公共阅读区

幼儿园阅读环境创设

幼儿园公共阅读环境

幼儿园阅读环境创设

幼儿园公共阅读环境

四、家长阅读角

幼儿园公共阅读环境

23

班级阅读环境

幼儿园阅读环境创设

　　阅读区或语言角是班级书香氛围营造的重点。教师可利用活动室中靠窗户的角落或班级封闭式的阳台创设阅读区。一般，小中班阅读区或语言区建议铺上地垫，放上软枕或坐垫，营造温馨的阅读氛围。大班建议摆上桌椅，以利于幼儿养成正确的阅读习惯。

　　阅读区的图书数量不宜太多，教师应根据幼儿的年龄特点与当前的兴趣投放图书。小班应是品种少数量多，大概3-5种图书，每种至少应有2本以上，便于幼儿平行阅读；中大班可种类多些，不同的图书8-10种，每种1本，让幼儿轮流阅读或共同阅读。

　　阅读区应根据幼儿的阅读情况，每周更换一定数量的新书。对于卷边或破损的图书，应及时清理、修补。

　　阅读区的墙面，可设置新书推荐栏，也可设置投票栏，让幼儿投票选择最喜欢的图书。比较宽敞的墙面，可采用张贴绘本挂图或背景图的形式，营造情景，供幼儿讲述或创编。

班级阅读环境

27

幼儿园阅读环境创设

班级阅读环境

幼儿园阅读环境创设

班级阅读环境

31

幼儿园阅读环境创设

班级阅读环境

33

幼儿园阅读环境创设

班级阅读环境

幼儿园阅读环境创设

班级阅读环境

幼儿园阅读环境创设

幼儿园阅览室

幼儿园阅读环境创设

　　幼儿园可利用富余的活动室设置成阅览室，为幼儿营造舒适、自主、温馨的阅读环境。阅览室的书架及桌椅，应既有独立的又有成组的不同设置，这样，幼儿可独立阅读，也可两人或多人共同阅读。如果场地允许，幼儿阅览室建议划分成不同的阅读区域，按照图书的内容分类，便于幼儿查找阅读；同时，应在图书上标上数字或图形，在书柜上也标上相应的数字或图形，便于幼儿有序取放。

　　阅览室既可供幼儿自主选择图书阅读，也可组织小组幼儿围绕同一本图书的内容，进行分享阅读，教师有目的地指导，以提升幼儿的阅读水平。

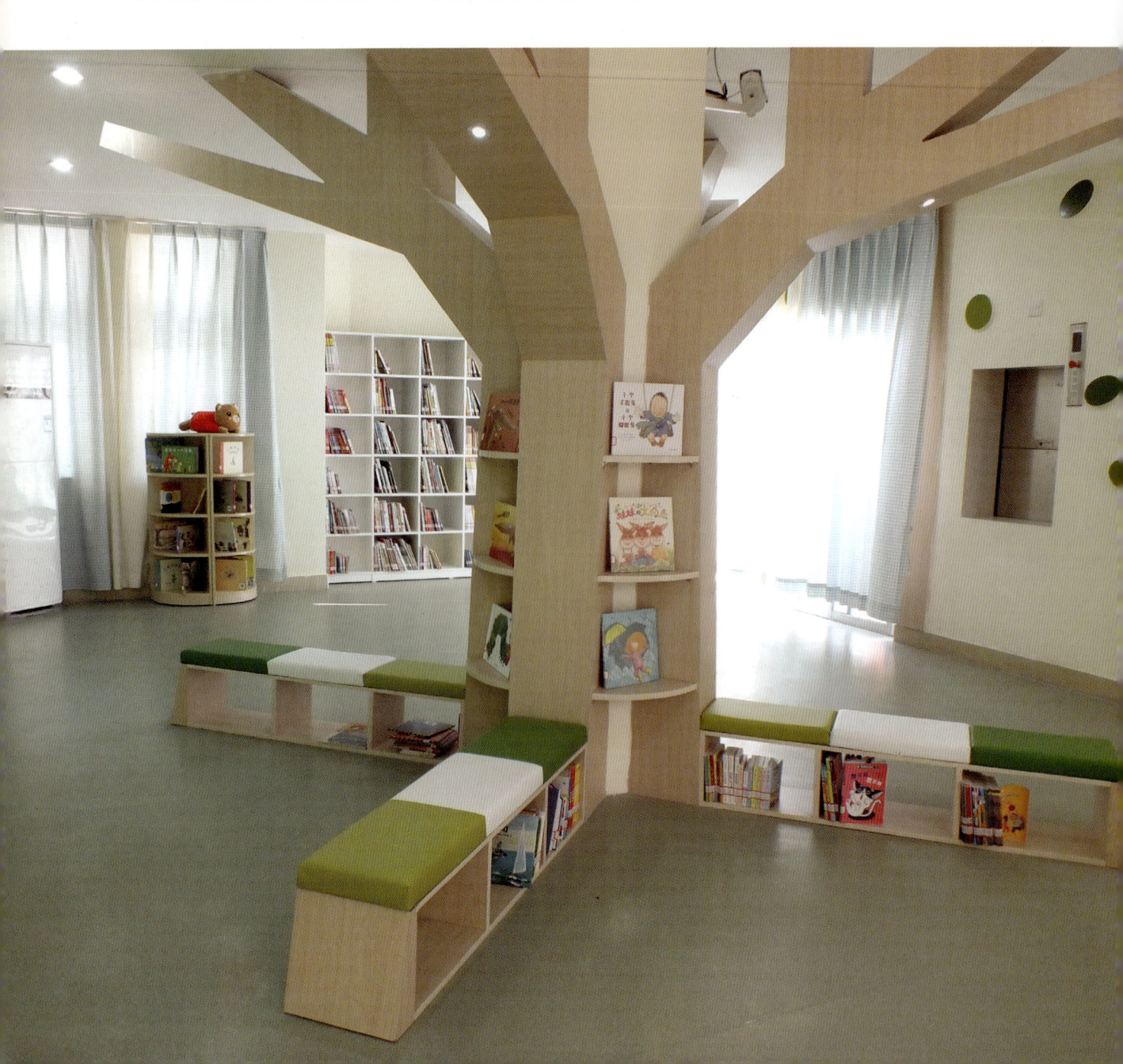

幼儿园阅览室

幼儿园阅读环境创设

幼儿园阅览室

幼儿园阅读环境创设

幼儿园阅览室

幼儿园阅读环境创设

幼儿园阅览室

47